Impressum
Verlag: BABADADA GmbH, Nedderfeld 112 , 22529 Hamburg
Geschäftsführer / Verlagsleitung: Harald Hof
Druck: Books on Demand GmbH, In de Tarpen 42, 22848 Norderstedt

Imprint
Publisher: BABADADA GmbH, Nedderfeld 112 , 22529 Hamburg, Germany
Managing Director / Publishing direction: Harald Hof
Print: Books on Demand GmbH, In de Tarpen 42, 22848 Norderstedt

學校

ليكول

教室
القسم
除
يقسم
186/2
黑板
لوحة
老師
معلم
لاكور
紙
ورقة
書寫
يكتب
筆
ستيلو
辦公桌
بيرو
直尺
مسطرة
書
كتاب
學生
تلميذ

書包

كرطاب

鉛筆盒

المقلمة

鉛筆

قلم الرصاص

削鉛筆機

منجارة

橡皮擦

ممحا

畫板

الكايي تاع الرسم

圖畫

الرسم

畫筆

البانسو

顏料盒

باتير

剪刀

مقص

膠水

كولا

練習冊

كايي تاع التمارين

家庭作業

الواجبات

數字

النيميرو

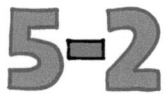

加

يجمع

減

يطرح

乘

يضرب

計算

يحسب

A

字母

الحرف

ABCDEFG
HIJKLMN
OPQRSTU
VWXYZ

字母表

الحروف

字

كلمة

課文

النص

讀

يقرا

粉筆

طباشير

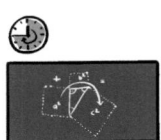

上課

الدرس

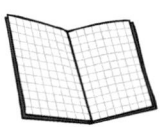

登記

دفتر المدرسي

考試

ليقزاما

證書

سرتفيكا

校服

اللبة تاع ليكول

教育

التعليم

百科全書

ليكسيك

大學

الجاميعة

顯微鏡

المجهر

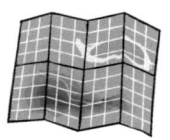

地圖

الخريطة

廢紙簍

بوبال

飯店
اوتال
بيت الشباب
外幣兌換處
بيرة تاع الصرف
手提箱
فاليزة
汽車
لولو

語言

اللغة ليقصدها

是/否

واه / لا

好的

صحا

您好

مرحبا

翻譯人員

طرجمان

謝謝

صحيت

……多少錢？

شعال السومة؟

我不明白

مفهمتش

問題

مشكيلة

晚上好！

مسلخير

早上好！

صباح لخير

晚安！

تصبح بخير

再見

بسلامة

方向

ديركسيو

行李

الباقاج

包

ساك

背包

ساكادو

客人

ضيف

房間

شمبرا

睡袋

ساك تاع رقاد

帳篷

خيمة

旅行資訊

استعلامات سياحية

海灘

بجر

信用卡

كارطة ناع الكريدي

早餐

فطور الصباح

午餐

الفطور

晚餐

العشا

票

البيي

電梯

اسونسير

郵票

تامبر

邊界

الحدود

海關

الديوانة

大使館

سفارة

簽證

فيزا

護照

باسبور

旅行 - فواياج

交通運送

نقل

飛機
طيارة
船
بابور
消防車
لبونيا
公車
بيس
卡車
كاميونة
汽艇
بوطي
腳踏車
بيسكلات
汽車
لولو

渡輪

بابو

小船

بوطي

機車

موطو

警車

لوطو تاع لابوليس

賽車

لوطو تاع السيباق

租車

لوطو تاع كرية

拼車

لواطا تاع كرية

拖車

رومورك

垃圾車

كاميو تاع الزبل

馬達

موتور

汽油

ليسونس

加油站

ستاسيون

交通標識

بانو

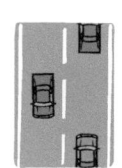

交通

ترافيك

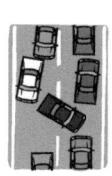

交通堵塞

سركالة

停車場

باركينغ

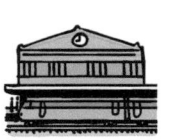

火車站

لاقار

軌道

السبيكة

火車

قطار

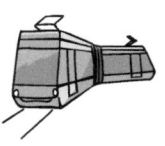

路面電車

ترام

客車廂

فاغون

直升機

اليكبتار

機場

مطار

塔

تور

乘客

مسافر

集裝箱

كونتنار

紙板箱

كرطونة

手推車

شاريو

籃子

سلة

起飛/降落

يقلع / يهود

城市

مان

村莊

قرية

市中心

البلاد

房子

دار

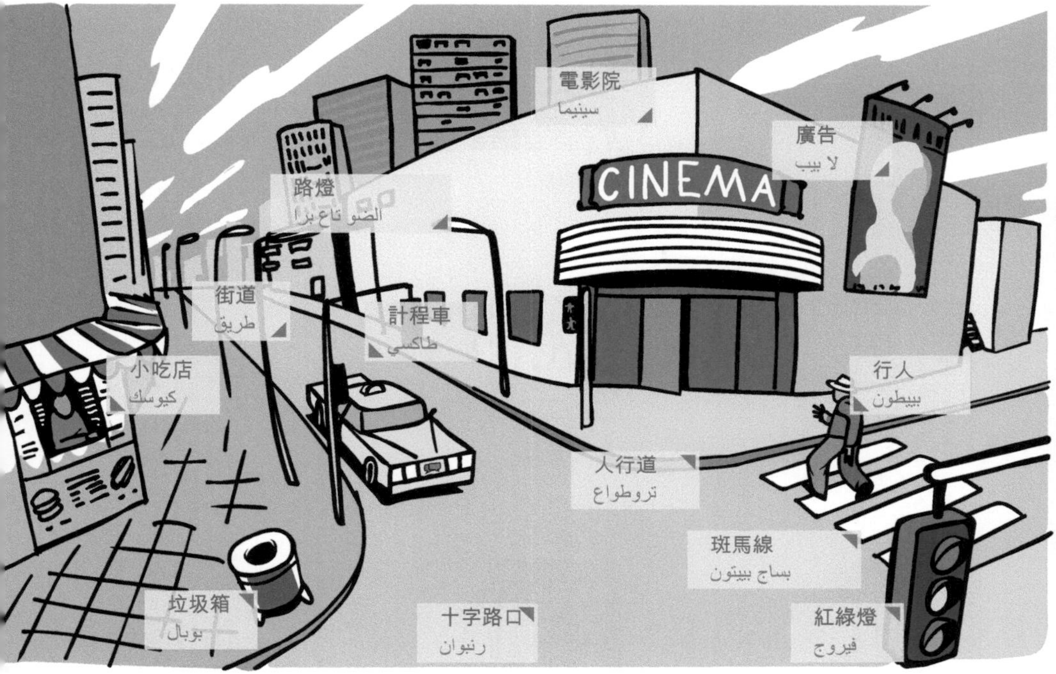
CINEMA
電影院
سينيما
廣告
لا بيب
路燈
الضو تاع برا
街道
طريق
計程車
طاكسي
小吃店
كيوسك
行人
بييطون
人行道
تروطواع
斑馬線
بساج بييتون
垃圾箱
بوبال
十字路口
رنبوان
紅綠燈
فيروج

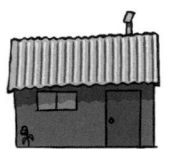

小屋

كوخ

公寓

برطمان

火車站

لاقار

市政廳

لاميري

MUSEUM

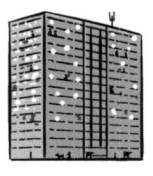

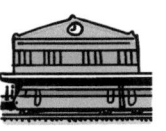

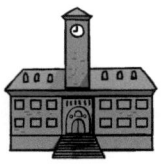

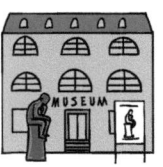

博物館

متحف

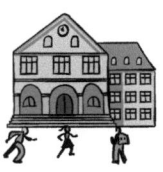

學校

ليكول

大學

الجاميعة

銀行

بانكة

醫院

سبيطار

飯店

اوتال

藥房

فارماسي

辦公室

بيرو

書店

مكتبة

商店

حانوت

花店

فلوريست

超市

سوبرات

市場

مرشي

百貨商店

حانوت كبير

魚店

مسمكة

購物中心

سونتر كومرسيال

海港

المينا

公園

بارك

長凳

بنك

橋

جسر

樓梯

درج

捷運

ميترو

隧道

تونال

公車站

لاري تاع البيس

酒吧

بار

餐館

مطعم

郵筒

صندوق البريد

路標

البانوات

停車計時器

مقياس زمن الوقوف

動物園

حديقة حيوانات

游泳池

بيسين

清真寺

جامع

農場

فيرما

污染

التلوث

墓地

مقبرة

教堂

قليزية

操場

بارك

寺廟

معبد

地形

الريف

樹葉
ورقة

指示牌
بانو

路
طريق

草地
مرج

石頭
حجرة

樹
شجرة

徒步旅行者
رحالة

河
نهر

草
حشيش

花
زهرة

峡谷

واد

丘陵

جبل

湖

بحيرة

森林

غابة

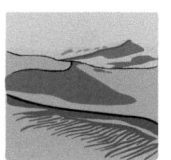

沙漠

صحرا

火山

بركان

城堡

شاطو

彩虹

قوس قزح

蘑菇

فِطر

棕櫚樹

نخلة

蚊子

ناموسة

蒼蠅

ذبانة

螞蟻

نملة

蜜蜂

نحلة

蜘蛛

رتيلة

甲蟲

خنفوس

青蛙

جرانة

松鼠

سنجاب

刺蝟

قنفود

野兔

قنينة

貓頭鷹

بومة

鳥

زاوش

天鵝

بجعة

野豬

حلوف

鹿

عزالة

麋鹿

إلكة

水壩

سد

風力發電機

الطاحونة

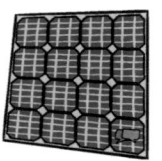

太陽能電池板

خلية شمسية

氣候

كليما

服務生
سارفور

椅子
كرسي

菜譜
المونيو

湯
سوبية

披薩餅
بيتزا

餐具
كوفار

桌布
ناب

前菜
اوردوفر

主菜
الطبق الرئيسي

甜點
ديسار

飲料
مشروبات

食物
ماكلة

瓶子
القرعة

速食

فاست فود

街邊小吃

ماكلة نديه معايا

茶壺

براد اتاي

糖盒

سكرية

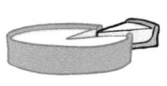

一份飯菜

طرف

義式咖啡機

ماشينة تاع اكسبريسو

高腳椅

كرسي عالي

帳單

فاتورة

托盤

سني

刀

خدمي

餐叉

فرشيطة

勺子

مغيرفة

茶匙

مغيرفة تاع لاتاي

餐巾

سربيتة تاع الطابلة

玻璃杯

كاس

碟子

طبسي

湯盤

بول

碟子

طبسي تاع الفنجال

醬

لاصوص

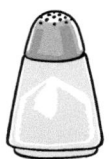

鹽瓶

القوطي تاع الملح

胡椒研磨罐

طحان تاع الحرور

醋

خل

食用油

زيت

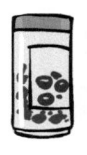

調味料

ليزيبيس

番茄醬

كتشوب

芥末

موطارد

美乃滋

مايونيز

超市

سوبرات

特價
بروموسيو
FOR
顧客
كلويون
乳製品
مشتقات الحليب
水果
فاكية
購物車
شاريو

肉鋪

بوشي

麵包店

بولونجي

稱重

يوزن

蔬菜

خضار

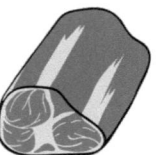

肉

لحم

冷凍食品

سيرجولي

冷盤

كاشير

罐頭食品

كونسارف

洗衣粉

الاومو تاع لغسيل

甜食

الحلويات

日用品

صوالح الدار

清潔用品

ديتارجو

銷售員

فوندوز / خدامة فالحانوت

收銀機

لاكاس

收銀員

كاسسي

購物清單

ليستا تاع الشري

開放時間

سوايع الخدمة

錢包

تزداتم

信用卡

كارطة ناع الكريدي

袋子

ساك

塑膠袋

بورسة

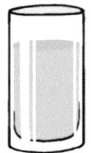

飲料

مشروبات

水

الما

果汁

جو

牛奶

حليب

可樂

كوكا

紅酒

الشراب

啤酒

البيرة

酒

شراب

可可

كاكاو

茶

لاتاي

咖啡

قهوة

義式濃縮咖啡

اكسبريسو

卡布奇諾

كابوتشينو

香蕉

بانانة

蘋果

تفاح

柳丁

تشينا

西瓜

بطيخ

檸檬

ليم

胡蘿蔔

كروطة / زرودية

大蒜

ثوم

竹子

بانبو

洋蔥

بصل

蘑菇

شانبينيو

堅果

بندق

麵條

ليبات

義大利麵

سباقيتي

米飯

روز

沙拉

سلاطة

薯條

ليفريت

炸馬鈴薯

ليفريت

披薩餅

بيتزا

漢堡

هانبورقر

三明治

سندويش

炸豬排

اسكالوب

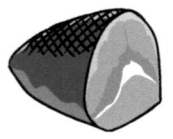

火腿

لحم الحلوف

義大利臘腸

سامي

香腸

مرقاز

雞肉

جاجة

烤肉

لحم مشوي

魚

حوت

燕麥片

شوفان

木斯里

موسلي

玉米片

كورن فلكس

麵粉

فرينة

牛角麵包

كرواسون

麵包捲

خبيزة

麵包

الخبز / كسرة

吐司

خبز محمر

餅乾

بيسكوي

奶油

زبدة

凝乳

لبن

蛋糕

قاطو

蛋

بيض

煎蛋

بيض مقلي

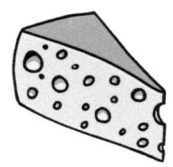

起司

فرماج

冰淇淋

لاكرام

糖

سكر

蜂蜜

عسل

果醬

كونفتير

巧克力醬

نوقا

咖哩

الكاري

農場
فيرما

فيرمة
糧倉
مخزن
رزمة تاع تبن
田野
حقل
馬
عود
拖車
قنطرة
拖拉機
جرار
馬駒
مهر
驢
حمار
羊
كبش
羔羊
خروف

山羊

معزة

奶牛

بقرة

小牛

عجل

豬

حلوف

小豬

حلوف صغير

公牛

طورو

鵝

وزة

鴨

بطة

小雞

فلوس

母雞

جاجة

公雞

سردوك

鼠

طوبا

貓

قطة

老鼠

فأر

牛

ثور

狗

كلب

狗屋

دار الكلب

花園澆水軟管

تييو

澆水壺

إبريق

長柄大鐮刀

منجل

犁

محراث

鐮刀

منجل

鋤頭

الفاس

長柄草耙

مذراة الزبل

斧頭

شاقور

獨輪手推車

برويطة

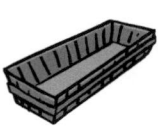

飼料槽

معلف

牛奶罐

قابة تاع حليب

麻布袋

ساشيا

柵欄

سياج

馬廄

صطبل

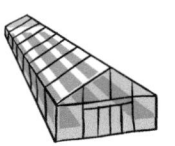

溫室

بوطاجي

土壤

تراب

種子

بذور

肥料

سماد

聯合收割機

حصادة

收割

يحصد

收割

الغلة

地瓜

بطاط

小麥

قمح

大豆

صويا

土豆

بطاطا

玉米

مايبس

油菜籽

سلجم

果樹

شجرة تاع فاكية

樹薯

منيهوت

穀物

الخبوب

房子

دار

煙囪
شوميني
屋頂
سقف
落水管
بالة
窗戶
車庫
قاراج
門鈴
صونات
門
باب
垃圾桶
بوبال
信箱
بواطة تاع البرية
花園
جاردان

客廳

صالون

浴室

الحمام

廚房

كوزينا

臥室

شامبرا تاع رقاد

兒童房

شمبرا تاع ذراري

餐廳

صالة مونجي

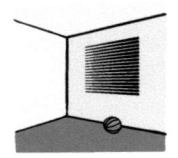

地板

لرض

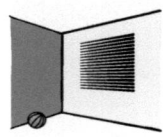

牆壁

حيط

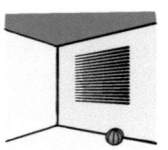

天花板

بلافو

地窖

كافا

三溫暖

سونا

陽臺

بالكون

露臺

تيراسة

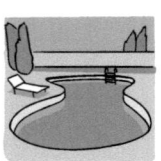

游泳池

بيسين

割草機

جزارة تاع حشيش

被單

اووس

床罩

كووات

床

ناموسية

掃帚

مصلحة

水桶

بيدو تاع صليح

開關

انتغبتور

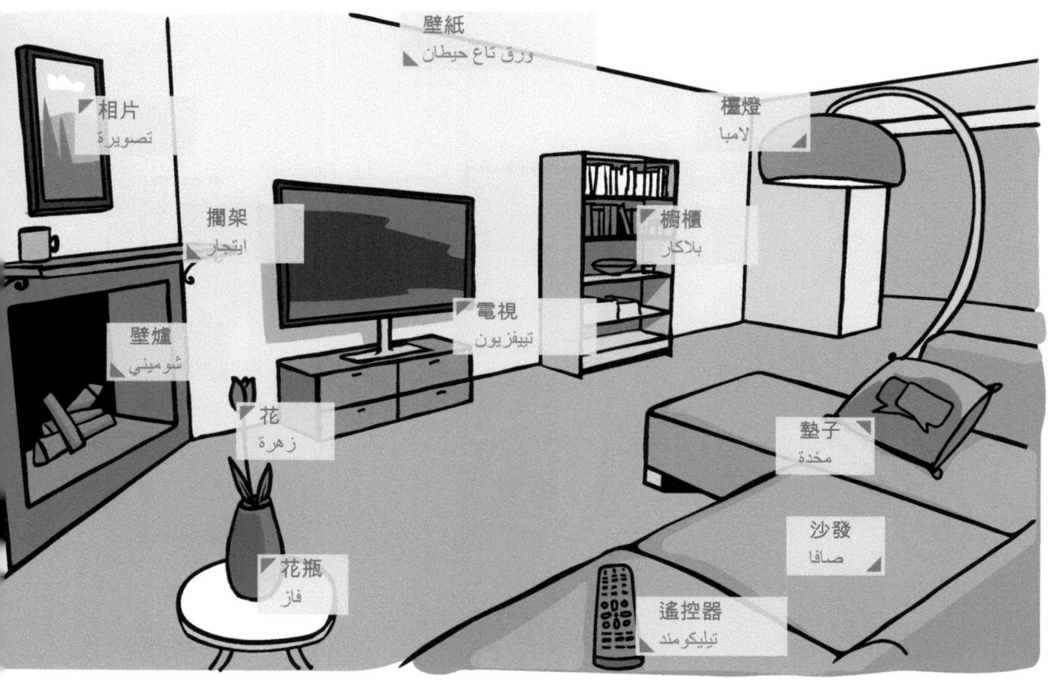

壁紙
ورق تاع حيطان
相片
تصويرة
檯燈
لامبا
擱架
ايتجار
櫥櫃
بلاكار
電視
تيبفزيون
壁爐
شوميني
花
زهرة
墊子
مخدة
沙發
صافا
花瓶
فاز
遙控器
تيليكومند

地毯

طابي

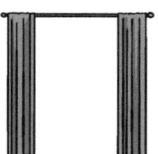

窗簾

ريدو

餐桌

طابلة

椅子

كرسي

搖椅

كرسي يبوجي

扶手椅

فوتاي

書

كتاب

毯子

طوفيرطة

裝飾品

زواق

木柴

الحطب

電影

فيلم

高傳真音響

الستيريو

鑰匙

مفتاح

報紙

جرنان

油畫

كادر

海報

بوستار

收音機

راديو

筆記本

كناش

吸塵器

اسبيراتور

仙人掌

صبار

蠟燭

شمعة

廚房
كوزينا

冰箱
فريغو
微波爐
ميكررند
ميزان تاع الكوزينة
烤麵包機
غريبان
洗潔精
ديترجون
烤箱
فورنو
冰櫃
فريجيدان
垃圾桶
بوبال
洗碗機
غسالة تاع ماعين

炊具

الفور

鍋

قدرة

鑄鐵鍋

مرميطا

炒鍋

طاوة غامقة

平底鍋

مقلة

水壺

غلاية

蒸鍋

قدرة

烤盤

سني

陶瓷鍋

ماعين

馬克杯

قوبلي

碗

طبسي

筷子

مطارق تاع الماكلة

長柄勺

لوشة

鏟子

سباتولة

攪拌器

الضرابة

濾網

كسكاس

篩子

صفاية

磨碎機

راب

研缽

مهراز

燒烤

شواية

明火

موقد

菜板

بلونشا

擀麵杖

رولو

開瓶器

الحلال

罐子

قابسة

開罐器

الحلال

隔熱手套

كتان

水槽

لافابو

刷子

بروسة

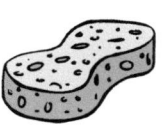

海綿

بونجة

攪拌機

الخلاط

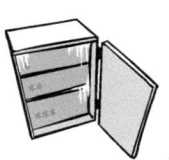

冷藏箱

فريغو

奶瓶

بيبرونة

水龍頭

سبالة

浴室

الحمام

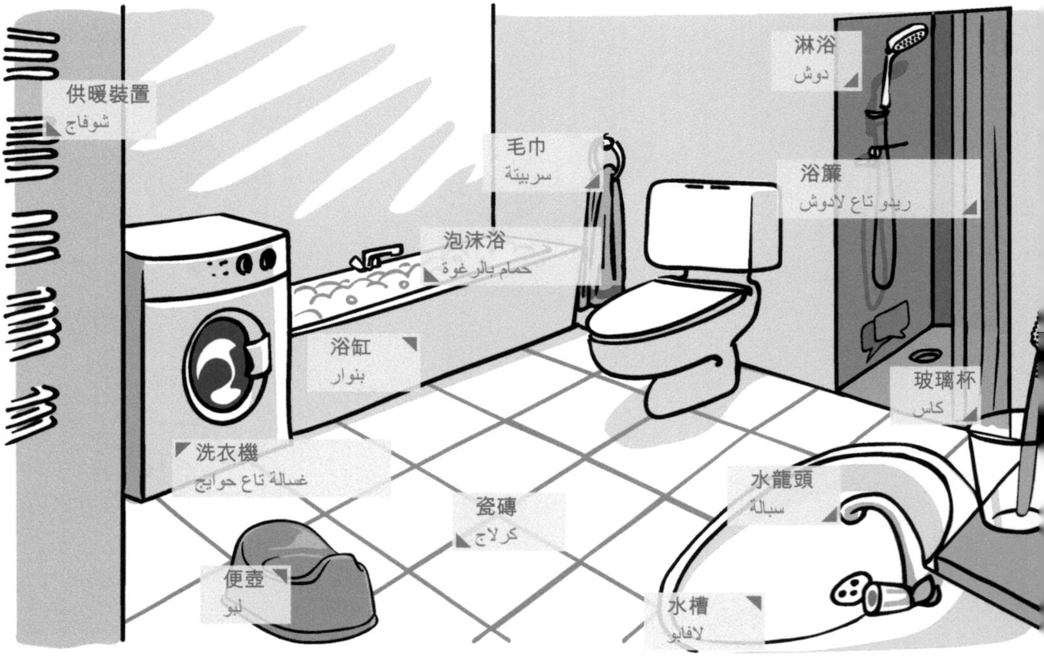

供暖裝置
شوفاج
毛巾
سربيتة
淋浴
دوش
浴簾
ريدو تاع لادوش
泡沫浴
حمام بالرغوة
浴缸
بنوار
玻璃杯
كاس
洗衣機
غسالة تاع حوايج
瓷磚
كرلاج
水龍頭
سبالة
便壺
لبو
水槽
لافابو

廁所

تواالات

蹲便器

تواالات تركي

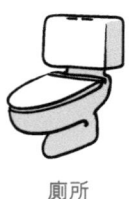

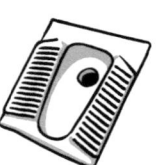

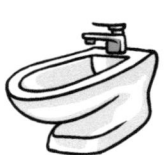

坐浴器

غسال الرجلين

小便斗

مبولة

廁紙

ورق تاع تواالات

馬桶刷

بروسة تاع تواالات

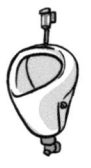

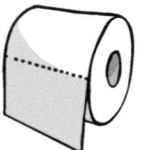

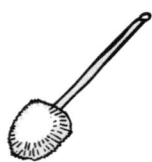

牙刷

بروسدون

牙膏

دونتفريس

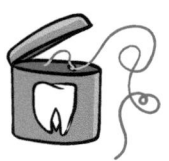

牙線

خيط السنان

洗

يغسل

手持式蓮蓬頭

دوشات تاع دوش

沖洗器

دوشات

洗臉盆

لافابو

洗背刷

بروسا تاع الظهر

肥皂

صابون

沐浴露

جال دوش

洗髮乳

شنبوان

法蘭絨

الحبل

排水

قادوس

乳霜

بومادة

除臭劑

ديودورون

鏡子

مراية

手鏡

مراة صغيرة

刮鬍刀

رازوار

刮鬍泡沫

لاموس

鬍後水

كولون

梳子

مشطة

刷子

بروسة

吹風機

سشوار

噴髮定型劑

مثبت الشعر

化妝品

مكياج

唇膏

روجالافر

指甲油

فرني

化妝棉

قطن

指甲剪

كوبنغل

香水

ريحة

洗漱包

تروسة تاع حمام

凳子

طابوري

計重秤

ميزان

浴袍

بينوار

橡膠手套

ليغونات تاع النيتواياج

衛生棉條

تمبون

衛生棉

ليبوند

化學廁所

توالات

兒童房
شمبرا تاع ذراري

鬧鐘
毛絨玩具
نونورس
玩具車
لوطو جوي
撥浪鼓
الخشخاش
玩具屋

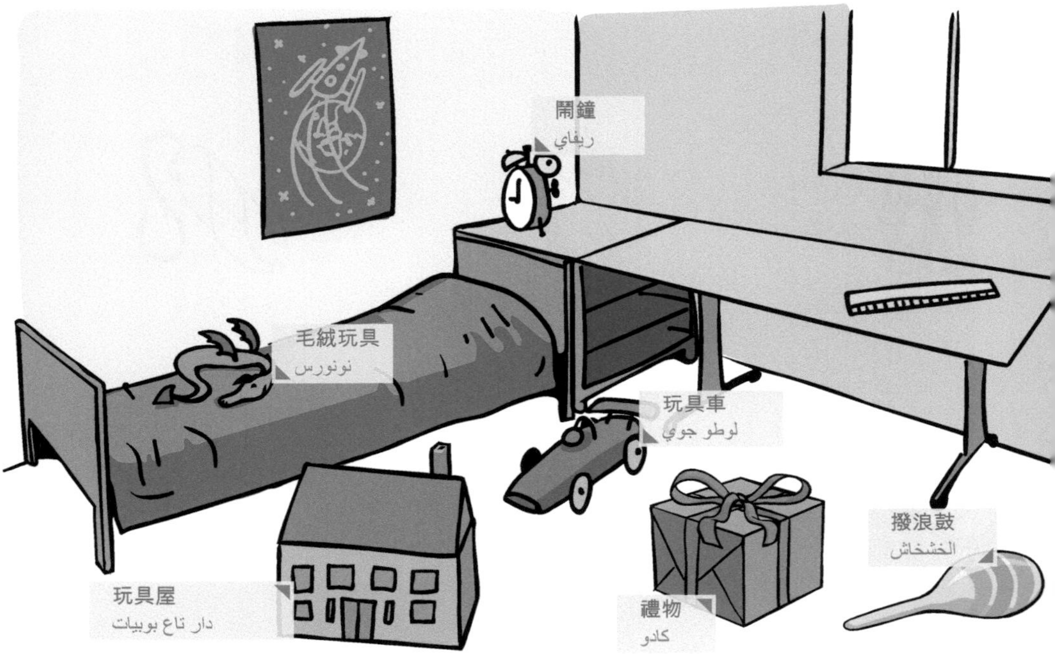

氣球

بالونة / نسافة

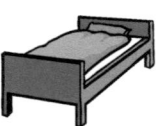

床

ناموسية

嬰兒車

بوسات

撲克牌

الكارطة

拼圖

البوزيل

漫畫

بوند ديسيني

樂高積木

اللیغو

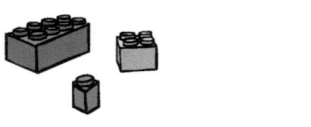

積木玩具

حجر يبنوه

公仔

بوبية

嬰兒服

لبسة تاع البيبي

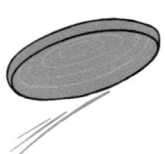

飛盤

فريزي

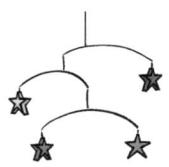

床鈴玩具

اللهاية

棋盤遊戲

لعبة الطابلة

骰子

الدي

火車模型

التران

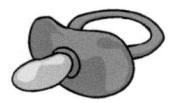

安撫奶嘴

سوسات

派對

حفلة / الفيشطة

繪本

كتاب بتصاوير

球

بالون

洋娃娃

بوبية

玩

يلعب

沙坑

بارك بالرملة

鞦韆

بنصوار

玩具

جوي

電玩遊戲

منيطا

三輪車

بيسكلات

泰迪熊

دبدوب

衣櫃

ماريو

衣服

حوايج

襪子

تقاشر

長襪

ليبا

緊身褲

كولو

圍巾
شال

雨傘
بربلوي

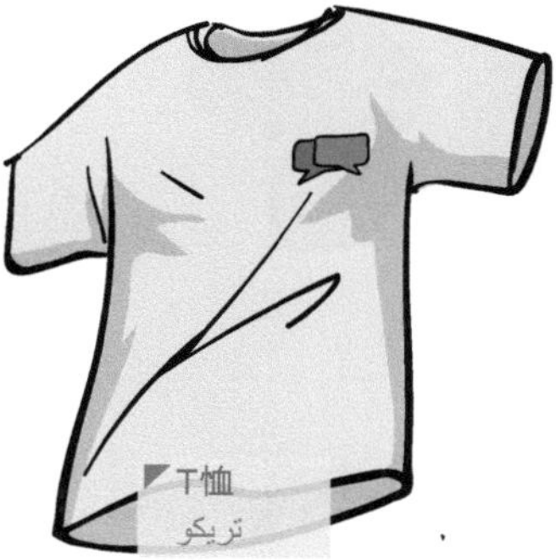

皮帶
حزام

T恤
تريكو

靴子
بوط

拖鞋
بنتوفلا

運動鞋
تينيسا / سبردينا

涼鞋
صندالة

鞋
صباط

雨靴
بوط بلاستيك

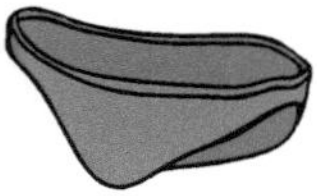

內褲
كالسون

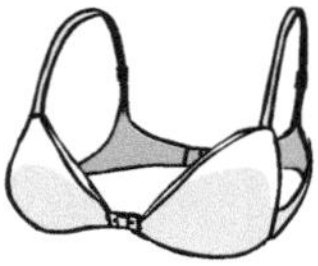

胸罩
سوتيان

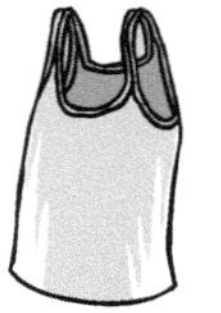

背心
حويج تاع داخل

身體

لاسق على الجسم

褲子

سروال

牛仔褲

جين

短裙

جيبا

女式襯衫

طابلية

襯衫

قمجة

套頭衫

تريكو

連帽上衣

قارديقون

西裝夾克

بلازار

夾克

فيستا

外套

بالطو

雨衣

بالطو

套裝

كوستيم

連衣裙

روبا

婚紗

روب بلونش

西裝

كوستيم

睡袍

شوميز دونوي

睡衣

بيجاما

莎麗

ساري

頭巾

حجاب

包頭巾

عمامة

波卡

برقع

卡夫坦

قفطان

(阿拉伯式)長袍

عباية

泳衣

مايو

男式泳褲

سروال تاع عوم

短褲

شورت

運動服

لبسة تاع سبور

圍裙

طابلية

手套

ليقونات

鈕扣

قفلة

眼鏡

نواظر

手鏈

براسلي

項鍊

سنسلة

戒指

خاتم

耳環

منقوش

便帽

بوني

衣架

سانتر

帽子

شابو

領帶

قرافاطة

拉鍊

غيمة

安全帽

كاسك

背帶

بروتال

校服

اللبة تاع ليكول

制服

لينيفورم

圍兜

رياقة

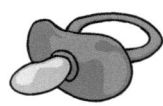

安撫奶嘴

سوسات

尿布

ليكوش

辦公室

بيرو

伺服器
سارفر
檔案櫃
خزانة تاع الملفات
印表機
امبريمانت
紙
ورقة
螢幕
ليكرون
滑鼠
لاسوري
資料夾
كلاسور
鍵盤
كلافي
廢紙簍
بوبال
電腦
اوردیناتور
椅子
كرسي

咖啡杯

كاس قهوة

計算機

كاكولاتريس

網際網路

لانترنت

筆記型電腦

اورديناتور

信件

برية

簡訊

ميساج

行動電話

بورطابل

網路

ريزو

影印機

فوطوكوبي

軟體

لوجسيال

電話

تيلفون

插座

بريزة

傳真機

فاكس

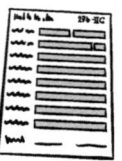

表格

استمارة

檔案

وثيقة

買

يشري

付錢

يخلص

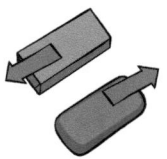

交易

يتاجر

現金

دراهم

美元

دولار

歐元

اورو

日元

ين

盧布

روبل

瑞士法郎

فرنك سويسري

人民幣

يوان

盧比

روبية

提款處

ديستريبيتور

外幣兌換處

بيرة تاع الصرف

金

ذهب

銀

فضة

石油

نفط

能源

طاقة

價格

السومة

合約

عقد

稅金

طاكس

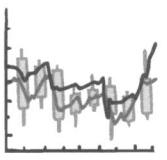

股票

سهم

工作

يخدم

職員

خدام

老闆

مول الشي

工廠

وزين

商店

حانوت

警官
بوليسي
消防員
بومبي
廚師
طياب
醫師
الطبيب
飛行員
بيلوط

園丁
جرديني

木匠
نجار

裁縫
خياط

法官
قاضي

化學家
شيميك

演員
ممثل

公車司機

شوفير

計程車司機

طاكسيور

漁夫

صياد

清洗女工

خدامة

屋頂工

ماصو تاع الصقف

服務生

سارفور

獵人

صياد

畫家

بنتار

麵包師

خباز

電工

الكتريسيان

建築工人

ماصون

工程師

مهندس

屠夫

بوشي

水管工

بلومبي

郵差

فاكتور

士兵

جندي

建築師

ارشيتكت

收銀員

كاسسي

花農

بياع اورد

理髮師

كوافير

售票員

الكنترول

機械技師

ميكانيسيان

船長

كابيتان

牙醫

طبيب سنان

科學家

عالم

拉比

حاخام

伊瑪目

امام

和尚

موان

牧師

موان

工具
ليزوتي

鐵錘
مارطو
鉗子
كلاب
螺絲起子
تورنفيس
扳手
مفتاح
手電筒
تورشا

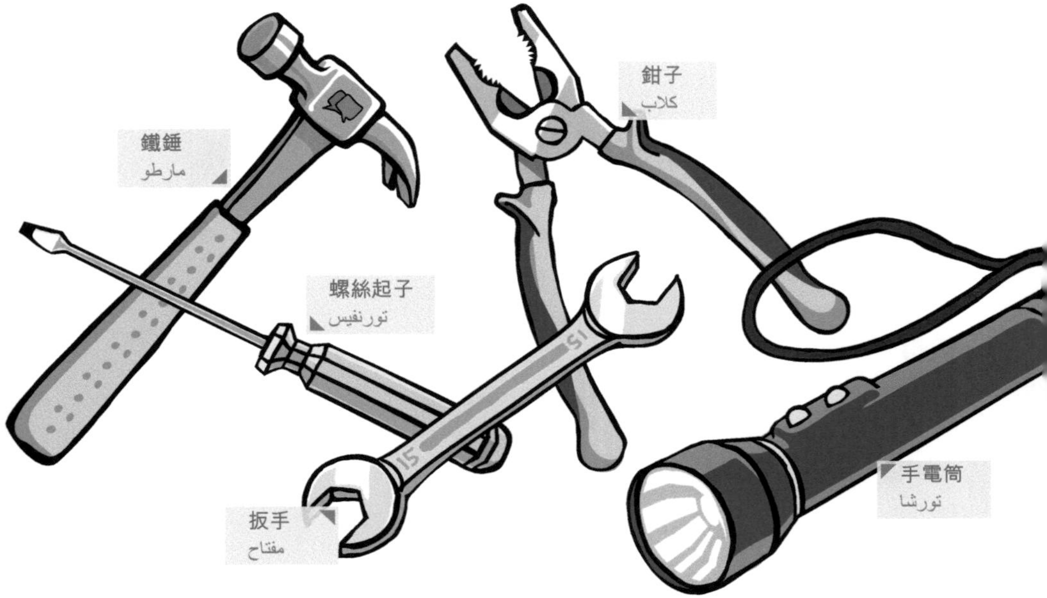

挖掘機

جرافة

工具箱

قايصة نتاع ليزوتي

梯子

سلوم

鋸子

منشار

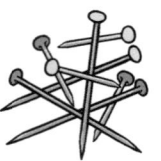

釘子

مسامير

鑽機

برسوز

修

يصنع

鏟子

البالة

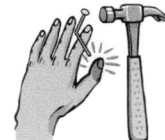

糟糕！

ياويلي

畚箕

بالا

油漆桶

بو تاع بنتورة

螺絲

ليفيس

樂器
آلات موسيقية

打擊樂器
آلات الإيقاع

揚聲器
مكبر الصوت

吉他
غيتارة

低音提琴
كمان أجهر

小號
بوق

鋼琴

بيانو

小提琴

كمنجة

貝斯

جهير

定音鼓

طبل كبير

鼓

طبل

電子琴

بيانو كهربائي

薩克斯風

ساكسوفون

長笛

ناي

麥克風

ميكروفون

動物園

حديقة حيوانات

入口
الدخلة
老虎
نمر
籠子
كاجا
斑馬
حمار الوحش

動物

حيوانات

大象

فيل

袋鼠

كنغر

犀牛

وحيد القرن

大猩猩

غوريلا

熊

دب

駱駝

جمل

鴕鳥

نعامة

獅子

سبع

猴子

تشيطا

紅鶴

فلامونغوز

鸚鵡

بيروكي

北極熊

دب قطبي

企鵝

بطريق

鯊魚

سمك القرش

孔雀

طاووس

蛇

لفعة

鱷魚

تمساح

動物園管理員

عساس في حديقة الحيوان

海豹

عجل البحر

美洲豹

نمر أمريكي مرقط

矮種馬

فرس قزم

豹

نمر

河馬

فرس النهر

長頸鹿

زرافة

老鷹

نسر

野豬

حلوف

魚

حوت

龜

فكرون

海象

حيوان فظ البحري

狐狸

ثعلب

羚羊

غزال

體育

سبور

بالون اميريكا
騎腳踏車
الركبة تاع البيسكلت
網球
تينيس
籃球
باسكات
游泳
العوم
拳擊
بوكس
冰球
هوكي

美式足球

بالون

羽毛球

الريشة الطائرة

田徑

اتلاتيزم

手球

الهوند

滑雪

سكي

馬球

بولو

活動
نشطات

跳
ينقز
擁抱
يعنق
笑
يضحك
走路
يمشي
唱
يغني
做夢
ينوم
祈禱
يصلي
親吻
يبوس

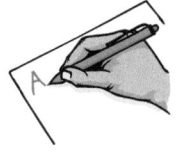

書寫

يكتب

畫

يرسم

展示

يوري

推

يدمر

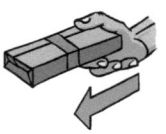

給

يعطي

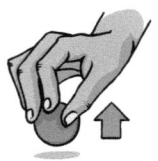

拿

يدي

有

يملك

做

يخدم

當

كاين

站

يوقف

跑

يجري

拉

يجبد

丟

يقيس / يرمي

摔倒

يطيح

躺

يتكسل

等待

يشوف

攜帶

يرفد

坐

يقعد

穿衣

يلبس

睡覺

يرقد

醒來

ينوط

看

يشوف في

哭

يبكي

擊

يحك

梳頭

يمشّط

交談

يهدر

明白

يفهم

問

يسقسي

聽

يسمع

喝

يشرب

吃

يأكل

清理

يخمل

愛

يبغي

做飯

يطيب

開車

يصوق

飛

يطير

航行

يبحر بالفلوكة

計算

يحسب

讀

يقرا

學習

يتعلم

工作

يخدم

結婚

يتزوج

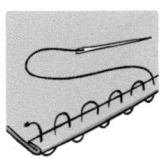

縫

يخيط

刷牙

يغسل سنانو

殺

يكتل

抽菸

يكمي

寄

يرسل

祖母
الجدة

祖父
الجد

父親
الأب

母親
الأم

嬰兒
الذري

女兒
البنت

兒子
الولد

客人
ضيف

阿姨
العمة / الخالة

叔叔
العم / الخال

兄弟
الخو

姐妹
الخت

身體

الجسم

前額
الجبهة
眼睛
العين
肩膀
الكتف
手指
صبع
臉
الوجه
下巴
اللحية
手
اليد
腿
الساق
乳房
الصدر
手臂
الذراع

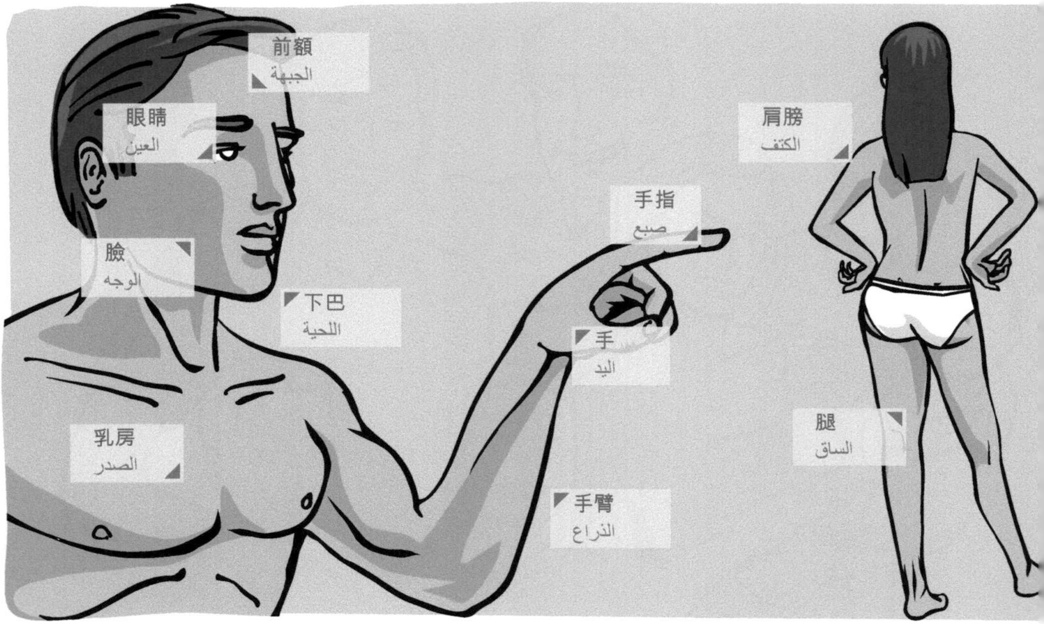

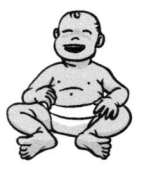

嬰兒

الذري

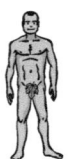

男人

الراجل

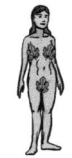

女人

المرا

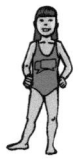

女孩

الشيرة، الطفلة

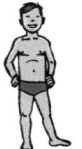

男孩

الشير

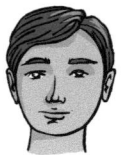

頭

الراس

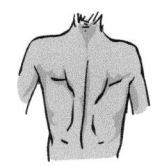

背部

ظهر

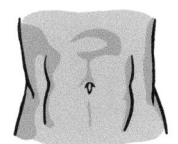

肚子

الكرش

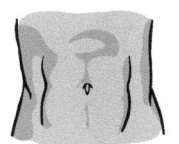

肚臍

السرة

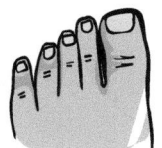

腳趾

صبع

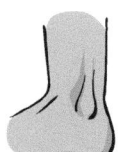

腳後跟

طالون

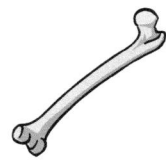

骨頭

العظم

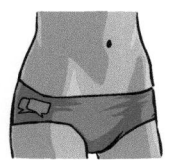

臀部

المرادف

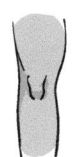

膝蓋

الركبة

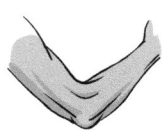

手肘

لمرفغ

鼻子

نيف

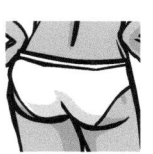

屁股

مصاصيط

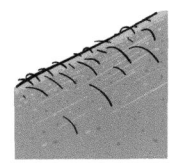

皮膚

البشرة

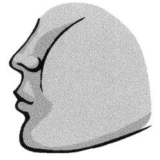

臉頰

الحنوك

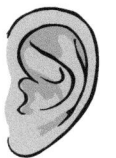

耳朵

لوذن

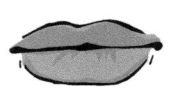

嘴唇

شورب

身體 - الجسم

69

嘴

الفم

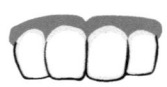

牙齒

السنة

舌頭

السان

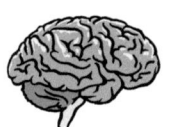

腦

الدماغ

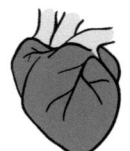

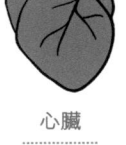

心臟

القلب

肌肉

العضلة

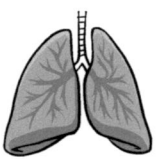

肺

الرية

肝臟

الكبدة

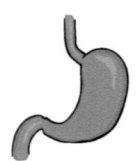

胃

لسطوما

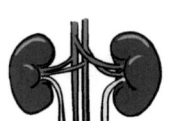

腎臟

كلوى

性交

رابور

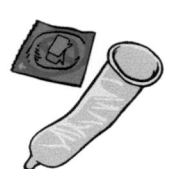

保險套

بريزارفتيف

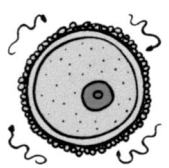

卵子

البويضة

精子

سبرم

懷孕

بلكرش

70

身體 - الجسم

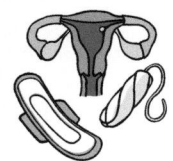

月事

ليراغل

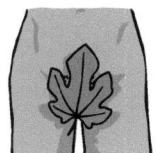

陰道

المهبل

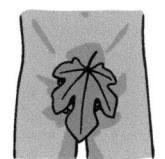

陰莖

المذاكر

眉毛

الحاجب

頭髮

الشعر

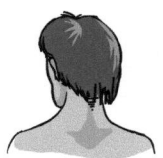

脖子

رقبة

醫院

سبيطار

急救車
لانبيلونس
輪椅
الكرسي المتحرك
骨折
فاتورة

醫師

الطبيب

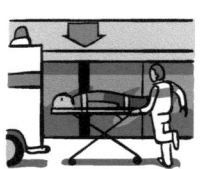

急診室

ليزيرجونس

護理師

الممرضة

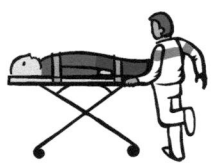

緊急情形

ليرجونس

昏迷

تغاشى

痛

الوجع

受傷

الجرح

出血

يسل الدم

心臟病發作

القلب

中風

لافيسي

過敏

لالرجي

咳嗽

الكحة

發燒

الحمة

流感

لاقريب

腹瀉

الاسهال

頭痛

ميغران

癌症

السرطان

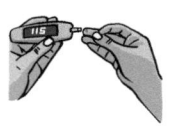

糖尿病

السكر

外科醫師

الجراح

手術刀

مبضع

手術

عملية تاع القلب

電腦斷層掃描

لاسيتي

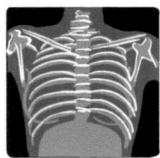

X光

الراديو

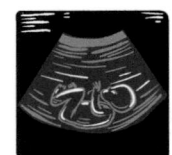

超音波

لولتخازون

口罩

لماسك

疾病

المرض

候診室

وين يقارعو

拐杖

العكاز

石膏

سكوتش

繃帶

لبانسما

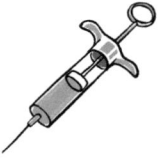

注射

لبرة

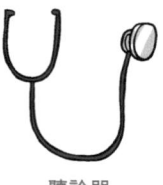

聽診器

السماعة تاع الطبيب

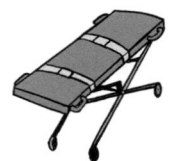

擔架

نقالة

體溫計

لوزنو بيه الحمة

出生

زيادة

超重

السمونية

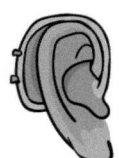

助聽器

جهاز السمع

消毒液

المعقم

感染

لنفكسون

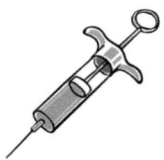

病毒

الفيروس

愛滋病

السيدا

藥物

الدوا

接種疫苗

الفاكسان

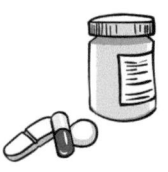

藥片

الدوا حب

藥丸

بيلولة

急救電話

يعيط للنجدة

血壓計

الجهاز ليقيسو بيه الدم

生病/健康

مريض / صحيح

醫院 - سبيطار

75

緊急情形
ليرجونس

救命！

سلكوني

警報

لالارم

突擊

يتعدا

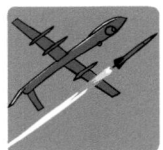

攻擊

يهجم

危險

دونجي

緊急出口

مخرج الطوارئ

失火了！

النار شاعلة

滅火器

لكستانتور

意外

اكسيدون

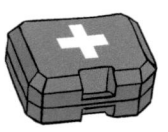

急救箱

فيزة تاع الاسعاف الاولي

呼救訊號

سلكونا

員警

لابوليس

歐洲

أوروبا

北美洲

أمريكا الشمالية

南美洲

أمريكا الجنوبية

非洲

أفريقيا

亞洲

آسيا

澳洲

أستراليا

大西洋

المحيط الأطلسي

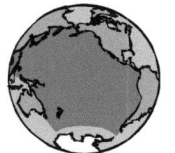

太平洋

المحيط الهادي

印度洋

المحيط الهندي

南冰洋

المحيط المتجمد الجنوبي

北冰洋

المحيط المتجمد الشمالي

北極

القطب الشمالي

南極

القطب الجنوبي

南極洲

منطقة القطب الجنوبي

地球

أرض

陸地

بلاد

海

بحر

島

جزيرة

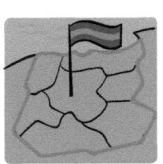

國家

امة

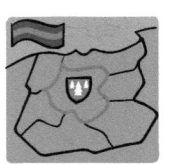

州

دولة

鐘錶
ساعة

錶盤

ميناء الساعة

時針

عقرب الساعات

分針

عقرب الدقائق

秒針

عقرب الثواني

現在幾點？

شعال راها الساعة؟

天

يوم

時間

زمن

現在

دروك

電子錶

ساعة رقمية

分

دقيقة

時

ساعة

週一 لثنين
週二 الثلاثة
週三 لاربعا
週四 لخميس
週五 الجمعة
週六 السبت
週日 الحد

昨天

لبارح

今天

اليوم

明天

غدوا

早晨

صباح

中午

القايلة

晚上

العشية

MO	TU	WE	TH	FR	SA	SU
1	2	3	4	5	6	7
8	9	10	11	12	13	14
15	16	17	18	19	20	21
22	23	24	25	26	27	28
29	30	31	1	2	3	4

工作日

يامات الخدمة

MO	TU	WE	TH	FR	SA	SU
1	2	3	4	5	6	7
8	9	10	11	12	13	14
15	16	17	18	19	20	21
22	23	24	25	26	27	28
29	30	31	1	2	3	4

週末

ويكاند

年
العام

雨
النو
彩虹
قوس قزح
風
الريح
雪
ثلج
春
الربيع
夏
الصيف
秋
الخريف
冬
الشتا

4.APRIL 11°
5.APRIL 4°
6.APRIL 13°
7.APRIL 8°
8.APRIL 10°

天氣預告
يتنبأ بالحال

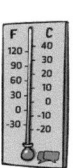

溫度計
مقياس حرارة

陽光
ضوء الشمس

雲
سحابة

霧
ضباب

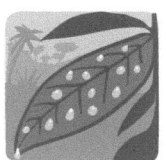

潮濕
ميديتي

閃電

برق

打雷

رعد

風暴

عاصفة

冰雹

بَرَد

季風

ريح

洪水

طوفان

冰

جليد

一月

جانفي

二月

فيفري

三月

مارس

四月

افريل

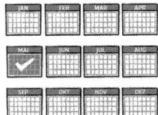

五月

ماي

六月

جوان

七月

جويلية

八月

اوت

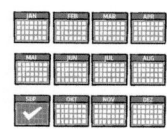

九月

سبتمبر

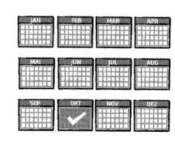

十月

اكتوبر

十一月

نوفمبر

十二月

ديسمبر

形狀

فورما

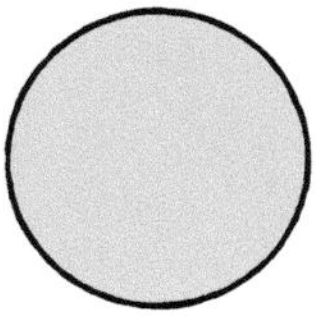

圓形

دويرة

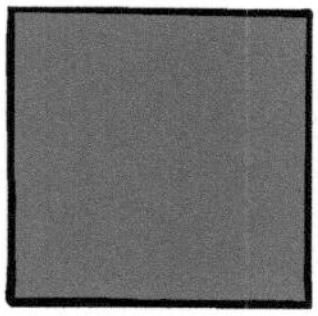

正方形

مربع

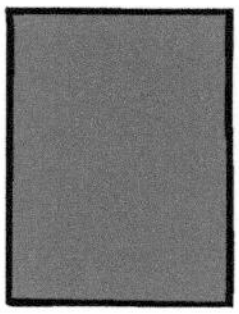

長方形

مستطيل

三角形

مثلث

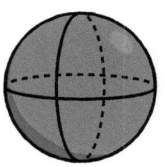

球體

كويرة

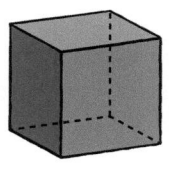

立方體

مكعب

顏色
الالوان

白

بيض

黃

صفر

橙

تشيني

粉

روز

紅

حمر

紫

حلحالي

藍

زرق

綠

خظر

棕

قهوي

灰

قري

黑

كحل

反義詞

الضد

很多/少許

بزاف / شوية

生氣/平靜

زعفان / مكالمي

美/醜

شباب / مشي شباب

首/尾

البدية / التالي

大/小

كبير / صغير

明/暗

فاتح / فونسي

兄弟/姐妹

خو / خت

乾淨/骯髒

نقي/ موسخ

完整/缺失

كامل / ناقص

白天/晚上

نهار/ الليل

死/生

ميت / حي

寬/窄

عريض / ضيق

可食用/非食用

يقدو ياكلوه / ميقدروش ياكلوه

邪惡/善良

شرير / ناس ملاح

興奮/無聊

يثير / يمل

胖/瘦

سمين / رقيق

第一/最後

اللولا / التالية

朋友/敵人

الصاحب / لعدو

滿/空

معمر / فارغ

硬/軟

قاصح / سوبل

重/輕

ثقيل / خفيف

餓/渴

جوع / عطش

生病/健康

مريض / صحيح

非法/合法

غير شرعي / شرعي

聰明/愚笨

ذكي / مبوقل

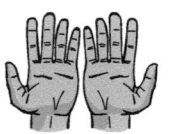

左/右

يسار / يمين

近/遠

قريب / بعيد

新/舊

جديد / مستعمل

沒有/有些

مكانش / شوية

老/幼

شيباني / شاب

開/關

يشعل / يطفئ

打開/闔上

محلول / مبلع

安靜/吵鬧

بشوية / بلفور

富/窮

مرفح / زوالي

對/錯

نيشان / خاطيء

粗糙/光滑

حرش / رطب

傷心/高興

زعفان / فرحان

短/長

قصير / طويل

慢/快

بشوية / بلخف

濕/乾

مشمخ / ناشف

溫暖/涼爽

حامي / بارد

戰爭/和平

القيرة / لامان

數字
نيميرويات

0

零

صفر

1

一

واجد

2

二

زوج

3

三

تلاثة

4

四

ربعة

5

五

خمسة

6

六

ستة

7

七

سبعة

8

八

ثمانية

9

九

تسعة

10

十

عشرة

11

十一

حداعش

12
十二
ثناعش

13
十三
تلطاعش

14
十四
رباطاعش

15
十五
خمسطاعش

16
十六
سطاعش

17
十七
سبعطتعش

18
十八
ثمنطاعش

19
十九
تساعطاش

20
二十
عشرون

100
百
مية

1.000
千
ألف

1.000.000
百萬
مليون

語言

اللغات

英語

انقلي

美式英語

انغلي تاع مريكان

普通話

لغة الشنوية

印地語

الهندية

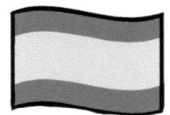

西班牙語

سبنيولية

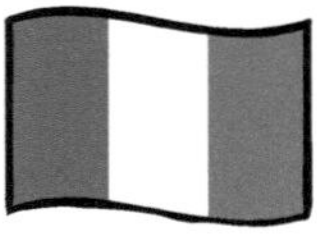

法語

الفرونسي

阿拉伯語

العربية

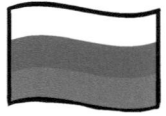

俄語

الروسية

葡萄牙語

البوتغالية

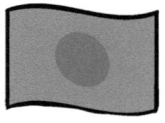

孟加拉語

البنغالية

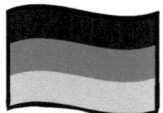

德語

لالمنية

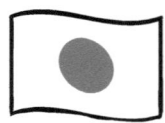

日語

الجابونية

我

انا

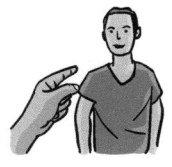

你

نتا

他/她/它

هو

我們

حنايا

你們

نتوما

他們

هوما

誰？

شكون

什麼？

واش

如何？

كيفاش

何處？

وين

何時？

وقتاش

名字

الاسم

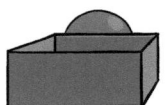

方位

وين

後面

مرول

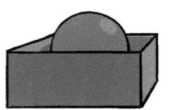

裡面

في

前面

قدام

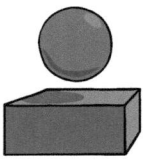

上方

فوق

上面

على

下麵

تحت

旁邊

حدا

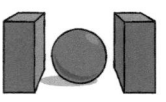

中間

بين

地點

بلاصة